La mujer de Dios

Teresa Blowes

Ediciones Crecimiento Cristiano

Diseño de tapa: Ruth Santacruz

© Ediciones Crecimiento Cristiano
Córdoba 419
5903 Villa Nueva, Córdoba
Argentina
oficina@edicionescc.com
www.edicionescc.com
T.E. [353] 491 2450

Ediciones Crecimiento Cristiano es una
Asociación Civil sin fines de lucro
dedicada a la enseñanza del mensaje evangélico
por medio de la literatura

Primera edición: 12/98
Edición nueva: 6/06
I.S.B.N. 978-9871219049

Impreso en los talleres de Ediciones Crecimiento Cristiano, Villa Nueva, Córdoba, Argentina

IMPRESO EN ARGENTINA
VM5

Contenido

Los textos bíblicos son tomados de la versión DIOS HABLA HOY, La Biblia Versión Popular, Segunda Edición, Sociedades Bíblicas Unidas.

Introducción

Al preparar estos estudios, mi intención fue ayudar a la mujer cristiana a clarificar su identidad basada en su relación con Dios y, como resultado, ser capaz de desarrollar sus valores y prioridades con un mayor sentido de confianza y seguridad. Es imposible responder a todas las preguntas y dificultades que plantea el ser una mujer hoy en día. Si una mujer tiene una idea clara de su identidad, sus prioridades y aquello que es de mayor importancia, podrá tomar decisiones en la vida más fácilmente y con mayor éxito.

Nunca podremos resolver todas aquellas cosas que nos causan dolor como individuos, en el matrimonio, en la familia y en la iglesia, porque todas estamos influenciadas por el mundo caído en el que vivimos. No hay respuestas fáciles. Por eso es necesario que nuestra seguridad descanse exclusivamente en nuestro poderoso y amoroso Dios, y que nuestra esperanza esté fijada en su glorioso retorno.

Teresa Blowes

Cómo aprovechar al máximo estos estudios.

1. ¿Qué es un estudio bíblico interactivo?

Estos estudios bíblicos interactivos son un poco como un tour guiado de una ciudad famosa. Te llevan por toda la Biblia, analizando el material relacionado con el tema, en este caso: mujeres de Dios. Te haremos ver muchas cosas en el camino, daremos todos los detalles que sean necesarios sobre el contexto y sugeriremos formas para continuar la investigación. Pero también tienes tiempo para mirar cosas sola, dejarte llevar y averiguar más por ti misma, permitiendo así que formes tu propia opinión.

En otras palabras, hemos diseñado estos estudios a medio camino entre un sermón y una serie de preguntas de estudio bíblico presentadas en forma simple. Deseamos estimularte, darte algunos consejos y comentarios, y encaminarte en el camino correcto. Pero al mismo tiempo habrá bastante espacio para que puedas explorar y descubrir cosas por ti misma.

Estos estudios también son similares a un tour de una ciudad famosa en otro sentido: no pretenden abarcarlo todo, sino sólo las cosas importantes. No podemos cubrir detalladamente todo lo que la Biblia dice sobre un tema, pero buscamos terminar nuestro tour habiendo visitado todos los lugares importantes.

2. El formato

Cada estudio contiene secciones que introducen, resumen, sugieren y provocan. En los estudios hemos dejado bastante espacio en blanco para que puedas anotar tus comentarios y preguntas a medida que vayas leyendo. Dentro de cada estudio hay tres tipos de interacciones, cada una con su propio símbolo:

Para empezar
Preguntas para romper el hielo y hacerte pensar.

Investigar
Preguntas que te ayudan a investigar partes claves de la Biblia.

Meditar
Preguntas que te ayudan a pensar en las implicaciones de tus descubrimientos y escribir tus ideas y reacciones.

Cuando encuentres uno de estos símbolos, sabrás que es tiempo de trabajar por ti misma.

3. Sugerencias para el estudio individual

Antes de empezar, ora para que Dios abra tus ojos y puedas ver lo que Él está diciendo en su Palabra y para que te dé la fortaleza espiritual para hacer algo al respecto. Puede que al final del estudio quieras orar de nuevo.

Trabaja en el estudio, siguiendo las instrucciones a medida que avanzas. Escribe en los espacios provistos.

Resiste la tentación de saltearte las secciones de Meditar. Es muy importante meditar sobre las diferentes secciones del texto (en vez de simplemente aceptarlas como verdad) y pensar en las implicaciones *para tu vida. Escribir estas cosas es una forma muy valiosa de hacer trabajar tu mente.*

Toma todas las oportunidades que se te presenten para hablar con otros de lo que has aprendido.

4. Sugerencias para un grupo de estudio

Mucho de lo que se dijo anteriormente también se aplica al estudio en grupo. Estos estudios son aptos para hacer en grupos de estudio bíblico estructurados o en grupos pequeños más informales.

Júntate con una o más personas y avancen a la velocidad que ustedes quieran; úsalos como la base de un estudio bíblico regular con tu esposo, si estás casada. No necesitas tener la estructura formal de grupo para lograr los beneficios.

Es absolutamente necesario que los miembros del grupo se preparen revisando las notas para el estudio antes de la reunión. La reunión del grupo puede durar una hora sin ningún problema, pero sólo si todos los miembros del grupo han hecho su trabajo y están familiarizados con el material.

Pasen la mayor parte del tiempo discutiendo las secciones Investigar y Meditar. Leer todo el texto en la reunión ocupará mucho tiempo y será innecesario si los miembros del grupo se han preparado adecuadamente. Puede ser que desees destacar algunos párrafos y leerlos en la reunión si crees que son necesarios.

La función de la líder de grupo es dirigir el curso de la discusión y tratar de atar todos los cabos al terminar la reunión. Esto significará un poco de preparación extra, destacando secciones importantes del texto para enfatizarlas, trabajando con las preguntas para ver cuáles son las más importantes y requieren mayor atención. Las líderes probablemente desearán averiguar cuánto tiempo van a usar en cada sección.

No hemos incluido una guía de respuestas para las preguntas de los estudios. Esto es deliberado. Queremos darte un tour guiado, no un sermón. En el texto que hemos escrito y en las preguntas que hemos hecho, hay más que suficiente para guiarte en la dirección que estimamos la correcta. El resto está en tus manos.

① *El Señor, mi Creador*

Antes de responder a la pregunta: ¿Quién soy como mujer?, necesitamos considerar la pregunta aún más básica: ¿Quién soy como persona? ¿Qué significa ser un ser humano en el planeta tierra en el inicio de un nuevo milenio? ¿Por qué estoy aquí? ¿Hay un propósito para mi existencia?

Para empezar a responder estas preguntas, necesitamos volver a nuestros orígenes. La base de nuestra identidad, tanto en ser mujeres como en ser personas, está en quién nos hizo y por qué nos hizo.

Creada a la imagen de Dios

Cuando Dios hizo al mundo, sólo la humanidad fue creada para reflejar la imagen de Dios. Esto le da a la raza humana una importancia y un valor mucho mayor a todo lo demás que ha sido creado. Somos la culminación de la creación de Dios.

A veces es difícil de comprender o aceptar esto, como lo expresa David en el Salmo 8:

> Cuando veo el cielo que tú mismo hiciste,
> y la luna y las estrellas que pusiste en él,
> pienso: ¿Qué es el hombre? ¿Qué es el ser humano?
> ¿Por qué lo recuerdas y te preocupas por él?
>
> Salmo 8: 3-4

Es tan fácil dar por hecho la maravilla que es el ser humano, "es maravilloso lo que has hecho" (Salmo 139:14). Nuestros cuerpos increíblemente complejos, nuestras habilidades físicas, nuestra capacidad para comunicarnos, pensar, inventar y crear, todas estas cosas llevan a que muchas personas crean que somos el producto de un creador sabio y poderoso.

Pero, según la Biblia, estos atributos son tan sólo el inicio de la maravilla de la humanidad. Dios ha puesto aún más de sí mismo en nosotros. El ser hechas a la imagen de Dios se trata fundamentalmente de algo mucho más que ser seres racionales, morales o con capacidades de lenguaje. Veamos Génesis para descubrir esto.

Para empezar

1. ¿Cómo terminarías la frase: "Para mí, ser una mujer significa..."?

2. ¿Puedes pensar en experiencias específicas o en personas que han aportado a tu sentido de identidad?

3. ¿De cuáles maneras la sociedad actual desafía esto?

Señores de la tierra

Dios es un Dios de poder creativo que se preocupa por su creación. Él ha puesto al ser humano en esta tierra para ser su mayordomo. Como dice el Salmo 8:6: *"le diste autoridad sobre tus obras, lo pusiste por encima de todo"*. Un aspecto clave de ser hecha a la imagen de Dios es que la humanidad tiene dominio sobre la tierra y es responsable de cuidarla.

Hay otro elemento que puedes haber captado en Génesis 1.

Un ser, dos partes

"Cuando Dios creó al hombre, lo creó parecido a Dios mismo; hombre y mujer los creó" (Génesis 1:27).

El ser humano *"hombre"* (en el sentido genérico) está hecho de dos partes: hombre y mujer. Génesis 2 explica con más detalles cómo fue la creación de la mujer.

Así como Dios es una unidad perfecta, aunque está compuesto de diferentes personas, de una manera similar la raza humana refleja su imagen en ser uno, pero de dos personas.

Dios nos hizo así para que tuviéramos compañía y ayuda, y para que estuviéramos completas al relacionarnos los unos con los otros. Este es uno de los pilares de nuestra identidad y la base para meditar en lo que significa ser mujer.

¿Qué rasgos tiene tu respuesta acerca de tus antepasados, de otras relaciones personales, de tu ocupación, del lugar donde vives? ¿O puede ser que te cuesta definir quién eres?

Piensa en la realidad de que fuiste hecha en la imagen del Dios todopoderoso para cumplir con sus propósitos y reflejar su naturaleza aquí en la tierra. Intenta otra definición de ti misma a la luz de esto.

¿Has intentado relacionar esa evaluación con el mandato de Dios a llenar la tierra y gobernarla? ¿Necesitas cambiar tu actitud para ser una contribución más positiva a tu comunidad?

Notas

1. Del libro Chappo - *For the Sake of the Gospel*, p. 186

Investigar

Lee Génesis 1:26-31

1. ¿Cuáles aspectos de la imagen de Dios vemos en estos versículos?

2. En Génesis 1:28, Dios dió al hombre y a la mujer un trabajo importante para cumplir. ¿Lo dió como bendición o como maldición?

3. *Lee también Génesis 2:15 y Salmo 8:5-8. De estos versículos (y los anteriores), ¿qué resumen puedes hacer del propósito general de la raza humana?*

2

El Señor, mi Salvador

Investigar

Lee Génesis 2:15-25 para ver un relato más detallado de la creación de la mujer.

1. *Según los versículos 18 y 20, ¿qué problema tuvo el hombre antes de la creación de la mujer?*

2. *¿Qué buscó Dios para él?*

3. ¿Cómo reaccionó Adán cuando vió a Eva por primera vez?

4. Haz un resumen de la relación entre el hombre y la mujer según los versículos 24 y 25.

En nuestro primer estudio, vimos cómo nos valora Dios y cómo hemos sido creadas para reflejar su naturaleza en el mundo. Desgraciadamente esta reflexión parece muy borrosa ahora. Como individuos estamos dolorosamente conscientes que le fallamos a Dios como sus mayordomos aquí en la tierra, en nuestro sometimiento a Él y en nuestras relaciones con los demás, tanto con hombres como con mujeres.

Esto nos lleva a preguntar: ¿Se ha perdido para siempre el Edén? ¿Es posible recuperar la dirección correcta y una vez más dirigirnos

Meditar

1. Intenta responder a la pregunta: ¿Quién soy?

hacia los propósitos de Dios para nosotras? ¿Vale la pena luchar contra las dificultades y las tentaciones que nos enfrentan cuando todo parece haber fracasado?

Imagen distorsionada

Este acto inicial de rebelión de parte del primer hombre y la primera mujer infectó a la raza humana con el pecado. Ya que todos

---

2. *¿Cómo evaluas tu trabajo (dentro o fuera de la casa)? ¿Cómo una bendicíon o una maldición?*

---

los hombres y mujeres han escogido escuchar a la serpiente en vez de escuchar a Dios, ellos escogen su propio camino pensando que saben mejor que Dios cómo deben manejar sus vidas. Niegan que Dios tenga el derecho de gobernar sus vidas y así lo rechazan a Él y a sus caminos.

---

3. *"El planteo bíblico es que Dios creó al hombre y a la mujer para que vivieran en comunión. Los hombres y las mujeres han de vivir en una relación completa y satisfactoria con Él y los unos con los otros para poder experimentar la plenitud del significado de ser seres humanos".* (nota 1)

a. *¿Cómo reaccionas ante esta cita?*

---

b. Intenta hacer una lista de las características que son esencialmente femeninas.

c. Piensa (y discute con el grupo) en cómo estas características femeninas dependen de la relación entre los hombres y las mujeres.

Esto nos incluye a todas. Incluso las mejores de nosotras somos rebeldes de corazón contra Dios y no le obedecemos. Por lo tanto todas nos enfrentamos al castigo de la muerte, como Dios les advirtió a Adán y Eva: "porque si lo comes, ciertamente morirás"; o como lo dice Romanos 1:32: "Dios ha decretado que quienes hacen estas cosas merecen la muerte".

Restaurando la imagen

Descubrimos en las Escrituras que la pérdida de la perfección en el Edén no significa que el plan de Dios para el ser humano haya fracasado, sino que su verdadero plan es mucho mayor.

Cuando el pecado entró al mundo, se perdieron la vida eterna, la amistad con Dios, el dominio pleno del hombre sobre toda la tierra y el verdadero compañerismo entre las personas. Con el sacrificio de Jesús se abrió el camino para que la relación con Dios fuera restablecida y se recuperara la vida eterna. Debido al gran amor que nos tiene, Dios ofreció a su hijo como sacrificio por nuestros pecados, haciendo por nosotros lo que no podíamos hacer por nosotros mismos, al asumir el castigo y permitirnos así la posibilidad de volver a ser amigos de Dios. Éste es un regalo de Dios, que debe ser recibido por fe (Romanos 5:1-2). Leemos en Colosenses que Jesús era la imagen perfecta de Dios. ¿Dónde deja eso a la humanidad? ¿Podemos una vez más volver a reflejar la imagen de Dios, recuperando así esa característica esencial de nuestra creación?

Por medio de la muerte de Jesús podemos ser justificados, es decir que no estamos más bajo la condenación de Dios. Podemos recuperar nuestra relación con Él y el don de la vida eterna.

El camino a la restauración completa está por delante. Dios ha enviado a su Espíritu Santo a nuestras vidas para que, poco a poco, Él nos transforme a medida que aprendemos de su Palabra, la obedecemos, y pasamos tiempo con Él y con su pueblo.

Pero también tenemos la esperanza de una transformación total. Cuando Cristo regrese seremos transformadas y, tanto la creación como nosotras mismos, seremos liberadas de la futilidad agobiante de la vida en este mundo. La imagen de Dios volverá a brillar en nosotras sin mancha ni confusiones. Recibiremos una vez más el dominio sobre la nueva creación de Dios y viviremos en perfecta armonía los unos con los otros y con Él.

Investigar
Lee Génesis 3:1-6

1. ¿Cómo describe el versículo 1 a la serpiente?

2. ¿De qué manera la tentación a Eva demuestra las características de la serpiente?

3. ¿Cuáles factores llevaron a Eva a creerle a la serpiente en vez de a Dios?

4. Lee Génesis 3:7-24. ¿De qué manera lo bueno de la creación fue manchado por:

a. la relación entre el hombre y la mujer?

b. su dominación sobre la tierra?

c. su relación con Dios y la vida eterna?

3

El Señor, mi Padre

El mundo que hemos heredado de Adán y Eva es un lugar
impredecible y a menudo aterrador. Puede ser que no estemos
cosechando cardos y espinas mientras transcurre nuestra penosa
existencia (Génesis 3:17-19), pero diariamente nos enfrentamos con
guerras, desastres y crímenes, traídos hasta nuestro hogar por la
televisión desde todas las regiones del mundo. Cuando juntamos esto
con nuestras propias batallas con instituciones y personas alrededor
nuestro, podemos sentirnos muy pequeñas e indefensas.

Necesitamos a alguien en quien confiar, alguien más grande y
más fuerte que nosotras, que esté en control, pero que al mismo
tiempo comprenda nuestra pequeñez y debilidad. Necesitamos

Investigar

Lee Colosenses 1:15-23

1. Según este pasaje, ¿quién es la imagen de Dios?

2. ¿Cuándo llegó a ser la imagen de Dios?

---

3. Según el versículo 20, ¿cuál fue el gran plan de Dios y cómo iba a realizarse?

Lee Romanos 5:6-11

4. ¿Qué motivó el sacrificio del perfecto Hijo de Dios (v. 8)?

encontrar algún sentido en medio de los sufrimientos que nos acosan y a alguien que nos pueda ayudar a enfrentarlos.

La Biblia muestra a Dios como un Padre fuerte y amoroso que nos ama y nos cuida.

Sin embargo, ésta no es la imagen de Dios que nuestra sociedad generalmente nos presenta. A menudo Dios es visto como una figura distante y desinteresada, como el padre ausente en muchas familias; o es presentado por el feminismo como un machista, a quien le encanta dar órdenes y juzgar a la gente, y que no le importa comprender nuestros sentimientos.

Dependiendo de cómo hayan sido nuestros padres, nuestra experiencia personal a veces puede reforzar estas ideas equivocadas de lo que significa que Dios es nuestro Padre.

El ejemplo de Rut

En la Biblia encontramos la historia de una mujer que fácilmente podría haber cuestionado la bondad y amabilidad de Dios, pero que, al contrario, buscó su seguridad e identidad en Él: Rut.

Investigar

1. ¿Qué sugieren los siguientes versículos acerca de la restauración de la imagen de Dios a la humanidad?

Colosenses 1:21-22

Colosenses 3:9-10

2 Corintios 3:17-18

1 Juan 3:2

2. ¿Qué afirman los siguientes versículos acerca del dominio del hombre sobre la creación?

Romanos 5:17

Romanos 8:1

Humanamente hablando, Rut abandona toda posibilidad de seguridad al ir tras Noemí. Abandona su tierra para ser una extranjera, deja a su familia y pueblo para ser una desconocida, y deja a sus dioses étnicos para ser una forastera y pagana en Israel. Sin su marido, ella no tiene identidad ni derechos en Israel, ni tampoco ningún medio de sustento. A pesar de todo esto, y de la amargura de su suegra, Rut ha aprendido que el Dios de Israel es un Dios en cuyo amor protector ella puede confiar. Protegida bajo sus alas, ella está segura y puede tener confianza en cuanto al futuro.

Dándose cuenta de la impotencia de Rut, Booz entra en escena como el representante de Dios (2:12). Empieza a aparece el término "redención", que significa comprar de vuelta algo o alguien que ha estado en algún tipo de cautiverio. En este caso, es la tierra de Noemí la que debe ser redimida o comprada de vuelta. Junto con la tierra está la responsabilidad de casarse con Rut, para que haya una descendencia que retenga la heredad de Elimilec. En esto Rut

Meditar

1. ¿Este estudio te ha ayudado a darte cuenta que todavía vives en rebelión contra Dios? Si es así, debes hablar con Él, confesar tu rebelión y pedirle que te perdone por medio de la muerte de Jesús. Sométete a Él como tu Señor y deja atrás esa actitud de "voy a hacer las cosas a mi manera". Habla con una amiga cristiana acerca de esto o conversa el tema en tu grupo.

2. ¿Hay un pecado en tu vida pasada o presente que piensas que Dios nunca perdonaría? Lee de nuevo Romanos 5:1-2. La muerte de Jesús es suficiente para cubrir cualquier deuda que tengamos con Dios. Debes confesar tu pecado a Dios, creer en su promesa y mirar hacia adelante a la esperanza de gloria que Él ofrece.

3. ¿Qué consejo podrías haberle dado a Eva en el momento de la tentación que la hubiera ayudado resistir a Satanás? (Debes recordar este consejo la próxima vez que sientas la tentación de hacer lo que no agrada a Dios).

4. Lee de nuevo Romanos 5:15-17 y piensa en tu progreso en recobrar la imagen de Dios en tu vida. ¿Te ves como alguien que "reina en la vida" (Romanos 5:17) o es tu vida una lucha constante contra el fracaso y la debilidad?

5. Lee Colosenses 3:1-4. ¿En qué deben concentrarse tu corazón, tu mente y tus ojos?

también es redimida: le da un nombre, un futuro y la provisión para todas sus necesidades, gracias a la bondad de Dios (4:5).

En el Nuevo Testamento, se hace claro que todas necesitamos ser redimidas, pero de otro tipo de cautiverio.

En los tiempos difíciles

Dios extiende su mano, ofreciendo a su hijo como pago por nuestra libertad, colocándonos bajo sus alas protectoras, demostrando cuánto le importan nuestros problemas y necesidades. También es poderosamente capaz de proveer lo que necesitamos, especialmente la necesidad de salvación.

Si bien la salvación de Dios trae todo tipo de beneficios y cambios para nuestras vidas, no nos inmuniza contra los problemas. Un poco como Rut, ahora vivimos como extranjeras en el mundo, y continuaremos enfrentando dificultades.

Cuando enfrentamos estas dificultades, muchas de nosotras respondemos no como Rut, sino que como Noemí: "El Dios todopoderoso me ha llenado de amargura... El Señor todopoderoso me ha condenado y afligido" (1:20-21).

¿A lo mejor has oído la historia del niño que está siendo disciplinado por su padre?

"Hijo, a mí me duele más que a ti. Estoy haciéndolo por tu propio bien porque te amo."

"Papá, ¿por qué me tienes que amar tanto?"

Muy pocos niños comprenden las razones de sus padres para disciplinarlos y castigarlos. Ellos no comprenden que bondad, respeto, obediencia y dominio propio son importantes para sus vidas. Su respuesta al castigo puede ser incluso: "Ya no me quieres".

Como un padre amoroso, Dios está interesado en que crezcamos hacia la madurez. Los niños indisciplinados crecen para ser una molestia tanto para sus padres como para la sociedad. Lo mismo podría suceder en el reino de Dios, si Dios no nos permitiera enfrentar dificultades.

Cómo reaccionemos a la disciplina de Dios depende de nuestra comprensión del propósito que ella tiene, y de cuánto valoramos lo que Dios está haciendo en nuestras vidas. Dios desea producir una cosecha de rectitud en nuestras vidas, aumentar nuestra

Para empezar

1. Piensa en tu relación con tu propio padre? ¿Qué clase de persona es o era? ¿Qué clase de relación tienes o tenías con él?

2. ¿Qué esperas de los hombres? ¿Tienes una imagen estereotipada de ellos, producto de relaciones anteriores?

3. ¿Estas relaciones humanas reflejan de alguna manera tu relación con Dios?

---

perseverancia, fortalecer y refinar nuestra confianza en Él, porque nos ama y quiere lo mejor para nosotros.

A menos que deseemos de corazón crecer en todas estas cualidades que Dios valora, reaccionaremos a las dificultades que Él permite que enfrentemos cuestionando su bondad, su poder, o ambos. Sólo si realmente deseamos crecer en Cristo podremos recibir estos tiempos de

Investigar

Lee rápidamente todo el libro de Rut.

1. Cuando Rut decide quedarse con Noemí, ¿qué está dispuesta a dejar atrás? (1:8-17).

2. Según lo que dice Booz en 2:11-12, ¿en quién busca protección Rut?

3. ¿Qué concepto debe haber tenido Rut del Señor, el Dios de su suegra, para poner tanta confianza en Él? (Compara con el Salmo 91:1-4)

prueba con la seguridad de que vienen de la mano de un Padre bondadoso.

4 · *El Señor, mi Consolador*

El autor de Eclesiastés dice: "Más valen dos que uno... Si uno de ellos cae, el otro lo levanta. ¡Pero ay del que cae estando solo, pues no habrá quien lo levante!" (Eclesiastés 4:9-10).

Investigar

Lee Efesios 2:11-19

1. ¿De qué manera nuestra situación es como la de Rut?

2. ¿Qué rescate se pagó por nosotros?

3. ¿Cuáles son algunos de los beneficios que recibimos como resultado de eso?

Quizás lo peor que nos puede pasar al enfrentar dificultades en la vida es tener que hacerlo solas. Jesús comprendió esto cuando estaba por dejar a sus discípulos para volver al Padre. Les prometió: "No los voy a dejar abandonados" (Juan 14:18). En realidad, Él prometió que ellos nunca iban a estar solos y que tanto Él como su Padre vendrían a estar con ellos.

En este estudio miraremos más de cerca esta maravillosa promesa y cómo Dios la cumple fortaleciéndonos en todos nuestros problemas.

La promesa de Jesús

Jesús promete enviar un "consolador" para tomar su lugar. Algunas versiones de la Biblia dicen un "defensor". Vamos a ver qué clase de persona Jesús prometió.

Jesús sabía que sus discípulos no tenían la fortaleza para enfrentar todas las dificultades que iban a encontrar, pero Él no tenía la intención de dejarlos abandonados a su propia suerte. Sabía muy bien que se dispersarían y serían tentados a abandonarlo. Aún más, sabía que muchos otros llegarían a ser hijos de Dios por medio de su

Investigar
Lee Hebreos 12:1-11

1. ¿Es el sufrimiento una evidencia de que Dios está lejos de nosotras o enojado con nosotras?

2. Según los versículos 5 a 8, ¿qué demuestra la disciplina de Dios?

3. ¿Cuál es el propósito de esta disciplina? (1 Pedro 1:6-7)

4. De los siguientes versículos, ¿qué propósito tiene Dios para disciplinarnos y permitir que suframos dificultades?

Hebreos 12:11

Santiago 1:2-3

1 Pedro 1:6-7

2 Corintios 1:8-10

testimonio, y que para todo esto ellos necesitarían su ayuda y consejo. Como hombre le era imposible estar con ellos, pero al retornar a Dios el Padre, era capaz no sólo de estar con ellos, sino de estar en ellos, en la persona del Espíritu de la verdad, el Espíritu Santo.

Jesús enfatizó la diferencia entre sus discípulos y aquellos que no lo amaban, a los que denomina "el mundo". Estos últimos no sabrían que Él existe, mientras que sus discípulos tendrían el recordatorio vivo y constante de la persona de Jesús viviendo en ellos por medio del Espíritu Santo.

Jesús demuestra lo que se necesita para estar unido a Él en su amorosa obediencia al Padre (Juan 14:31). La unidad que existe entre Él y el Padre es ofrecida a todos los que lo aman y obedecen de esa misma forma (vv. 20-21).

El ejemplo de Jesús

La promesa del Espíritu no es la única cosa que Jesús dejó a sus discípulos. También les dejó su ejemplo al enfrentar el sufrimiento, y confiar solamente en el consuelo y fortaleza de Dios. La Biblia describe a Jesús como nuestro hermano y amigo que experimentó los mismos sufrimientos y tentaciones que nosotras experimentamos.

De los muchos ejemplos de la Biblia en los que vemos a personas enfrentando la aflicción y la congoja, ninguno es tan conmovedor como la historia de Ana, la esposa estéril de Elcana. En 1 Samuel 1:1-2:11 vemos a una mujer estéril que vivió en una época en que la esterilidad era motivo de vergüenza, porque se creía que tales mujeres

Meditar
1. ¿Enfrentas, o has enfrentado, una situación tan difícil que has dudado del amor de Dios? ¿Sientes que son injustas las dificultes que vives? ¿Reaccionas más como Rut o como Noemí?

2. Compara tu reacción con la de Cristo cuando tuvo que enfrentar la cruz.
a. ¿Qué hizo? (1 Pedro 2:23)

b. ¿Cuáles fueron las consecuencias de su actitud? (Hebreos 5:7-10)

3. Mira de nuevo lo que escribiste al comenzar este estudio. ¿Revisarías tu concepto estereotipado acerca de cómo es Dios el Padre? ¿Este estudio te ha ayudado a tener más confianza en el amor protector de Dios tu Padre?

no gozaban de la bendición de Dios (1:59.) La reacción burladora de su coesposa Penina (1:6) era típica de la actitud de la sociedad hacia esas mujeres.

Como en los tiempos de Ana, la sociedad en que vivimos crea estigmas y vergüenza sobre distintas clases de mujeres (por ejemplo, las solteras mayores y las madres solteras.) También, por vivir en *una sociedad basada en la familia nuclear, las que no tienen familias (por ejemplo, las viudas y las solteras) sufren bastante soledad.*

Investigar

Lee Juan 14:15-27

1.. *Describe la relación entre Jesús y sus discípulos.*

---

2. ¿Quién es ese "consolador" que viene?
Juan 14:16-17

Juan 14:18

Juan 14:23

Juan 14:26

3. ¿Qué beneficios tienen los que reciben a ese "consolador"?
Juan 14:16-17

Juan 14:19

Juan 14:20

Juan 14:21

Juan 14:23

Juan 14:26

Juan 14:27

4. Estos beneficios no vienen automáticamente. ¿Qué cualidades son típicas de la persona que los recibe? (Juan 14:15, 23)

5

El Señor, mi Esposo
(Primera parte)

Cuando la historia dramática del hundimiento del barco más seguro del mundo necesita el agregado de un romance ficticio para venderse como película, nos damos cuenta que la necesidad de una compañía íntima todavía sigue siendo de importancia central para la humanidad. Lo vemos todos los días desde la risita de una adolescente cuyo prestigio sube hasta las nubes una vez que tiene un novio, hasta en la inmensa mayoría de las películas, programas de televisión y canciones populares. Parece ser que lo que el mundo necesita es amor, dulce amor.

Pero también lo sabemos por nuestra propia experiencia. Todas tenemos ese deseo de pertenecer a alguien, de ser amadas por alguien especial. Sin eso, nos sentimos incompletas. Nuestras necesidades son enfocadas y exacerbadas por la sociedad en la que vivimos, ya que se regocija con aquellas que aman intensamente y llora con aquellas no han tenido éxito. Estando sola uno sufre no solamente la soledad, sino también el sentido de inferioridad impuesto por la cultura popular.

Cuando Dios dijo: "No es bueno que el hombre esté solo", sabía que había hecho una criatura que de alguna forma era incompleta en sí misma. Dios hizo algo al respecto y creó a la mujer. Desde entonces, la relación entre el hombre y la mujer, especialmente en el matrimonio, ha sido la unidad fundamental de la sociedad humana.

Investigar

1. ¿Qué nos dicen los siguientes pasajes acerca de cómo Jesús pudo enfrentar su sufrimiento?

Juan 16:32-33

Mateo 26:37-44

Hebreos 5:7-10

Hebreos 12:2

2. Lee Hebreos 2:10-18 y 4:14-16. ¿De qué manera Jesús nos puede reconfortar?

3. Lee Hebreos 3:1-15 y 12:1-2.

a. ¿Qué nos anima a hacer?

b. ¿Qué nos advierte a no hacer?

Sin embargo, cuando el hombre fue creado surgió otra relación que era más importante y necesaria que la relación hombre / mujer:

1. ¿Qué has aprendido del ejemplo de Jesús acerca de cómo manejar el dolor y la tristeza, y de cómo buscar alivio en Dios?

2. ¿Por qué será que a veces no logramos experimentar el apoyo y la fuerza de Dios?

la relación entre las personas y Dios. Dios hizo a la humanidad para que compartiera con Él de una forma muy íntima.

A medida que avanza la Biblia, la humanidad se rebela y se aleja de Dios. La relación es dañada, pero Dios se acerca e inicia una relación especial con un grupo particular de personas.

El Antiguo Testamento nos presenta un cuadro de Dios escogiendo una esposa para sí mismo, la nación de Israel. Él la ama. Se goza en ella y la desea, tal como un joven anhela estar con su

3. Ana es un buen ejemplo de una mujer que tuvo que enfrentar su tristeza.
   a. ¿Cuáles fueron las causas del dolor de Ana? (vv. 2, 5-7)

b. ¿Cómo fue su reacción inicial?

c. Como consecuencia, ¿qué hizo?

d. ¿Qué consuelo recibió?

futura esposa. La salva y la saca de la esclavitud en Egipto. Hace un pacto matrimonial con ella, y promete cuidarla y proveer para ella. Israel, sin embargo, demuestra ser una esposa infiel, y comete adulterio con otros dioses. Dios castiga a Israel, e incluso se divorcia de ella debido a sus continuas infidelidades. Pero el deseo de su corazón es traerla de vuelta, y volver a ser su marido, para verla de

4. Ser mujer a menudo significa consolar a otros: el marido, los hijos, y muchas otras personas. A menudo sentimos que llevamos sobre nuestros hombros las cargas de todos los demás, pero que nadie nos está ayudando a llevar las nuestras. Mientras acunamos en nuestros brazos a un hijo enfermo a las tres de la mañana, nos sentimos tan cansadas y nos preguntamos: "¿Quién me va a tomar a mí en brazos para consolarme y darme descanso?"

En Isaías 66:10-14 *vemos a Dios consolando a su pueblo por medio de Jerusalén, amada por todo su pueblo por ser la morada de Dios. Este consuelo incluye la retribución contra sus enemigos (vv. 5-6), pero también el tipo de consuelo que una madre entrega a su hijo dándole paz, sustento y gozo.*

5. *Lee este pasaje y medita en él. Pasa algún tiempo en oración, entregando tus preocupaciones al Dios Consolador. Si quieres, usa el cántico de Ana como tu propia alabanza: 1 Samuel 2:1-10*

nuevo brillar como una joya preciosa en su corona, para destacarla entre las naciones de tal forma que sus cualidades puedan ser admiradas por todos.

El Nuevo Testamento ve el cumplimiento de esta maravillosa promesa en Jesús. El Señor entrega su propia vida por su esposa para purificarla, de tal forma que su justicia realmente brille como el amanecer. Ahora esperamos el día en que finalmente tendrá lugar la boda y Dios llevará a su esposa, por la que luchó tanto, para que ella esté con Él para siempre.

En otras palabras, si bien el matrimonio humano es de gran importancia en nuestra vida diaria y en la estructura de nuestra sociedad, las Escrituras nos muestran que hay una relación aún más profunda para disfrutar, un matrimonio hecho en en el cielo y para el cielo. El propósito de nuestra creación es la relación eterna, la relación íntima con Dios en la que vemos realizados todos los deseos de nuestro corazón.

Esto nos da una seguridad y una autoestima que nos permiten estar seguras de nosotras y de nuestras relaciones humanas. Si nuestros sentimientos de amor y aceptación no dependen de un compañero humano, si ya lo tenemos como regalo de Dios, entonces somos libres para servir y amar dentro o fuera del matrimonio sin temor o dependencia o manipulación.

En el reino de Dios no hay ciudadanos de segunda clase. Todos tienen la misma condición de futuras esposas del Señor. Si las solteras sienten la ausencia de un compañero humano, ellas pueden gozar al máximo su relación con Jesús, su amante perfecto. El matrimonio humano es tan sólo una sombra de algo muchísimo más grande y bueno que tenemos con el Señor.

La esposa celestial

Sin embargo, como ya lo hemos visto en Efesios 5, el disfrute pleno de nuestro matrimonio con Jesús es algo que todavía no hemos experimentado. Estamos comprometidas con Cristo, pero todavía no se ha realizado la boda. La fecha está fijada, pero es algo que está en el futuro.

Una vez más vemos que la Biblia invierte completamente los valores del mundo que nos rodea. El mundo nos presiona para que realicemos todo nuestro potencial humano: que seamos todo lo que podemos ser y que saquemos todo lo que podemos de esta vida como meta prioritaria. El énfasis está en lo material. Lo que importa es lo visible. Pero, como lo dijo Pablo: Lo que se ve es temporal, pero lo que no se ve es eterno.

Si bien la tarea de presentarnos "sin mancha ni arruga ni nada parecido" (Efesios 5:27) es algo que logra Jesús, Él también espera que nosotras nos preparemos para su venida. Él desea un pueblo cuya esperanza está en Dios y cuyo tesoro está en el cielo. Mientras que nuestra sociedad se concentra en ganancias visibles, Dios está mucho más interesado en aquellas cualidades internas que son el fruto del Espíritu Santo viviendo en cada persona. Se nos presiona para lograr la mayor ganancia en el menor tiempo, pero Dios nos está preparando para la eternidad, y Él valora mucho más a un pueblo que persevera en la fe y en el servicio sacrificial hasta el fin de su vida.

La relación matrimonial es un lugar donde estas cualidades pueden y deben ser desarrolladas. No es necesario, sin embargo, tener un compañero humano para prepararte como la esposa de Cristo. Cristo es el marido de todos los cristianos: casados (felices o no), solteros, separados, viudos, divorciados. Como el pueblo escogido de Dios somos su esposa escogida, con una boda especial para la cual debemos prepararnos.

6

El Señor, mi Esposo

Investigar

1. Lee Jeremías 31:32 e Isaías 54:4-5. *¿Qué relación humana es más parecida a la relación entre Dios y su pueblo escogido?*

2. *Lee Isaías 62:1-5 y describe la relación que Dios promete tener con su pueblo.*

3. *Dios era un esposo y amante fiel a su "esposa" Israel, pero Israel era todo el contrario. Este es el tema principal de la profecía de Oseas. Dios manda a Oseas a casarse con una prostituta y tener hijos con ella, como una ilustración viviente de cómo Israel ha sido una "esposa" infiel a Dios, su "esposo".*
Lee Oseas 2:5-20.
a. *¿Qué hizo Israel?*

b. ¿Qué promete Dios hacer?

4. Lee Efesios 5:25-32.
¿Qué relación ves entre este pasaje y la promesa de Dios en Oseas?

/Segunda parte/

En nuestro estudio anterior vimos cómo la Biblia describe la relación de Dios con su pueblo como un matrimonio, con Dios y Cristo como el marido fiel y amoroso, y su pueblo a menudo la esposa descarriada. Vimos cómo nuestra inminente "boda" con el Señor moldea nuestras vidas y nos motiva a vivir en santidad mientras nos preparamos para ella.

En este estudio vemos la otra cara de la moneda. ¿De qué manera puede nuestro conocimiento de Dios y la forma en que Él se relaciona con nosotras influir en nuestros matrimonios humanos? ¿Cómo podemos modelar nuestros matrimonios basándonos en el matrimonio eterno y perfecto entre Cristo y su iglesia (tal como lo dice Pablo en Efesios 5)? ¿Cuáles son los elementos esenciales del matrimonio según Dios?

Para empezar volvamos a Oseas, esa narración clásica del Antiguo Testamento sobre el matrimonio y la infidelidad.

El capítulo 2 describe lo que parece ser la renovación de un romance. Dios dice de su Israel infiel: "Yo la voy a enamorar: la llevaré al desierto y le hablaré al corazón" (v. 14).

En este ambiente, quizás reclinada detrás de una palmera en el oasis, podemos escuchar a escondidas como Dios se declara a su amada:

> Yo te haré mi esposa para siempre,
> mi esposa legítima, conforme a la ley,
> porque te amo entrañablemente.
> Yo te haré mi esposa y te seré fiel,
> y tú entonces me conocerás como el Señor.

> (Oseas 2:19-20)

En este estudio, al desmenuzar el significado de estas frases, aprenderemos más sobre cómo Dios se relaciona con su pueblo, y así aprenderemos cómo relacionarnos con nuestra pareja.

Meditar

1. Medita en lo preciosa que eres para el Señor, y en los planes que tiene para tu futuro eterno a su lado.

   a. Si eres soltera, ¿cómo afecta esto el sentimiento soledad o de desvalorización que algunas veces tienes?

b. Si estás casada, piensa en como el amor de Dios hacia ti te permite amar a tu esposo sin condiciones. Es decir, estar libre de la necesidad de exigir que tu esposo supla tus necesidades de seguridad y de sentirte alguien. ¿Qué efecto puede tener esto en tu relación con él?

Para siempre

El amor de Dios es eterno. Nunca nos va a abandonar, y Él mira con ansias ese momento en que va a estar unido a nosotras para siempre. El matrimonio humano también debiera ser permanente. Malaquías 2:16 nos dice que Dios odia el divorcio, y esto es comprensible si es que el matrimonio debiera reflejar cómo Dios y su pueblo han sido hechos uno. En el matrimonio, Dios teje dos vidas en una sola tela: una trama y una urdiembre que crean un hogar. No puedes separar las dos sin una destrucción que deja puntas enredadas e identidades perdidas.

Esta destrucción aflige enormemente a Dios y roba a la pareja de la rica oportunidad de conocerlo mejor a Él. Lo que Dios creó como una relación permanente, diseñada para reflejar la relación con su pueblo, no cumple con su propósito. Sólo cuando permanecemos juntos en todas las circunstancias podemos realmente aprender lo que es amar a Dios para siempre y conocer la seguridad de su eterno amor.

El derecho y la justicia

Ha surgido un problema en la escena de la propuesta de matrimonio. El oasis se ha transformado en un tribunal donde el juez

Investigar

1. Lee Apocalipsis 19:6-9

a. ¿Quién es la esposa que será presentada a Cristo cuando Él regrese?
(compara Apocalipsis 7:9-17)

b. ¿Cómo será ella? (compara Efesios 5:25-27).

2. Todo esto cambia el enfoque de nuestras vidas. Si en realidad nos damos cuenta de que somos esposas preparándonos para el día de la boda, ¿qué va a ocupar nuestro tiempo y nuestras prioridades? (compara Mateo 25:1-13)

3. ¿Qué dicen los siguientes pasajes acerca de la belleza que es (o no es) agradable a Dios?

Proverbios 31:10-31

Isaías 3:16-23

Tito 2:4-5

1 Pedro 3:1-5

justo dicta sentencia en contra de su amada. ¿Qué es lo que va a hacer? No puede dejarla libre, porque en ese caso no habría justicia. Por esto Dios, el juez justo y misericordioso, toma el castigo sobre sí mismo en la muerte de Jesús.

Esto tiene consecuencias importantes para nuestras vidas como cristianas y para nuestros matrimonios. Cristo ha pagado por nosotras con su propia vida, por lo que le pertenecemos y debemos someternos a Él en todo.

Nuestro matrimonio debe reflejar esta relación. Sólo lo hará si la esposa se somete de todo corazón a su esposo. Dios ha creado al hombre para que sea la cabeza del hogar y a la mujer para que sea su ayuda idónea (Génesis 2:18). Al someternos a nuestros esposos estamos proclamando que Cristo es el Señor de nuestras vidas. Efesios 5:24 nos recuerda que esto no es algo que sólo debe hacerse en las áreas fáciles o cuando estemos de humor para hacerlo. Dice: " ... en todo".

El comportamiento de nuestro marido no nos da una válvula de escape. Nos sometemos porque Cristo es nuestro Salvador y Él ha adquirido los derechos sobre nuestra lealtad. Nos sometemos a nuestros esposos debido a Cristo, no por lo que nuestros esposos son.

Meditar

1. Imagina que eres una futura esposa preparándote para el día en que te casarás con el Señor. ¿Qué cambios tendrías que hacer en tus prioridades y actitudes para estar lista para ese día especial?

2. Piensa en esas cualidades que anotaste arriba que son agradables al Señor.
   a. ¿Valoras esas cualidades, y a las mujeres que las demuestran?

---

b. ¿Las ves en tu vida?

c. Anota las cosas que debes cambiar y pide ayuda a Dios para lograrlo.

3. Piensa en la descripción de las mujeres de Israel que no eran agradables al Señor en Isaías 3:16-23.

    a. ¿Admiras a esa clase de mujer?

    b. ¿Ves algunas de estas cualidades en tu vida?

    c. ¿Cuánto tiempo, esfuerzo y recursos gastas en desarrollar los aspectos externos y materiales de tu vida.

    d. Anota los que debes cambiar y pida ayuda a Dios para cambiarlos.

Aún más, hemos recibido el maravilloso regalo del perdón por las muchas veces que hemos traicionado a nuestro "amante", el Señor, y esto nos motiva a perdonar en nuestras relaciones humanas. Tal como Dios dio su vida por nosotras, ahora Él nos pide que vivamos con la misma actitud de servicio sacrificial y humilde sumisión. Esto nos hace avanzar en el camino de la comprensión de las relaciones en el reino de Dios.

El amor y la compasión

Independientemente de cómo sean nuestras relaciones terrenales, podemos descansar en el amor inalterable de Dios y en su bondadosa compasión que no se acuerda de nuestros errores.

Dios también desea ver esto en nuestros matrimonios. No es la idea de un contrato comercial moderno: Si tú haces tu parte entonces yo haré la mía. Se trata de la antigua idea de dar tu vida por tu amigo. En el matrimonio tenemos la responsabilidad especial de demostrar al mundo la enormidad del amor de Dios, y cuando nuestro matrimonio está marcado por la maldad y el egoísmo, entonces hemos olvidado a nuestro Dios.

La fidelidad

La última característica mencionada en Oseas 2 está en marcado contraste con la vida de la adúltera Gomer (representando a Israel): La fidelidad.

La angustia que Dios le pidió a Oseas que viviera era la angustia de ser un esposo que ve a su mujer entrar en adulterio, luego perdonarla y traerla de vuelta al hogar. Esto es lo que hizo Dios, y hace, por su pueblo. Su fidelidad no depende de que su pueblo le obedezca. Él es fiel, a pesar de la constante infidelidad.

Dios espera el mismo nivel de fidelidad en el matrimonio cristiano. Marido y mujer deben ser fieles el uno al otro, permaneciendo honestos y confiables, y huyendo de todas las formas de inmoralidad sexual y adulterio.

Al final del contrato matrimonial en Oseas, el Señor le asegura a su amada que todo valdrá la pena. Cuando ella le obedezca, Él permitirá que le conozca íntimamente.

El Señor nos recuerda que es sólo cuando vivimos en una relación permanente, basada en la rectitud, la justicia, el amor, el perdón y la fidelidad, que empezamos a conocer la verdadera intimidad con nuestros esposos y con el Señor. Cuando vivimos juntos en santo matrimonio, crecemos juntos, y cuando, individualmente y como pareja, nos sometemos a Él, llegamos a conocerlo íntimamente.

Investigar

1. Según Oseas 2:19-20, ¿cuánto tiempo durará el "matrimonio" de Dios y su pueblo?

2. Si esto es cierto, ¿cuánto tiempo espera Dios que dure el matrimonio cristiano? (compara Mateo 19:3-6)

3. ¿Qué razón dan las Escrituras para esta conclusión? (Génesis 2:24 y Mateo 19:3-8)

Meditar

1. Si tienes esposo, piensa en tu propio matrimonio. ¿Qué han aprendido por el hecho de que se quedaron juntos? ¿Cómo te ha ayudado a crecer? ¿Cómo te ayuda a conocer a Dios?

2. ¿Has pasado por el dolor de un divorcio? ¿Has perdido algo de tu confianza en Dios a causa de esa experiencia? La manera de rehacer tu vida es renovar tu relación con Dios en la manera que Él quiere. Lee Isaías 54:5-8, busca el perdón de Dios y confía en su compasión eterna.

7 Parte del Cuerpo del Señor

Investigar

1. El problema que enfrenta el amante divino es que su esposa está bajo juicio. ¿Cuál es la acusación y cuál el veredicto? (Oseas 4:1-2)

2. Oseas dirige su acusación a Israel, pero ¿en qué sentido está toda la humanidad bajo juicio? (Romanos 2:5-9 y 3:9-19)

3. ¿Qué hizo Jesús para liberar a esta esposa? (Mateo 20:28 y Efesios 5:25-26)

4. ¿Cuáles son las implicaciones de esto para nuestra vida y matrimonio humano? (1 Corintios 6:20 y Efesios 5:22-25)

Hasta aquí, hemos visto cómo Dios entreteje a un hombre y a una mujer en matrimonio, y cómo esta relación es un reflejo de la forma en que están unidos Cristo y su esposa.

Sin embargo, necesitamos recordar que mucha de esta enseñanza en la Biblia tiene que ver con el pueblo de Dios colectivamente y no solamente como individuos. La relación que tenemos con Dios por medio de Cristo no es solamente personal, sino que es también es corporativa. Él vive en nosotras por medio de su Espíritu, pero su Espíritu también nos une con otros cristianos. En el Nuevo Testamento, este grupo de personas es llamado a menudo "el cuerpo de Cristo".

¿Qué implica para la mujer de Dios ser parte del cuerpo de Cristo? Veamos esto bajo tres títulos: Primero, lo que la Biblia dice en forma general sobre la vida de la iglesia. Segundo, lo que dice a las mujeres solteras. Tercero, lo que dice a las mujeres casadas.

La vida dentro del cuerpo

El propósito de Dios al reunirnos es que nos ayudemos unos a otros a crecer para ser como Cristo y para estar preparados para su segunda venida. Como ahora pertenecemos a Cristo, nos pertenecemos también los unos a los otros (Romanos 12:5). No debe

sorprendernos, entonces, que lo que Dios espera de nosotras en la
iglesia es lo mismo que pide de nosotras en el matrimonio y en

---

Investigar

1. *Las dos características siguientes mencionadas en Oseas 2:19 son "el amor*
y la compasión" o "la benignidad y la misericordia" según otras versiones
de la Biblia. ¿Cómo mostró Dios estas características en su relación con
nosotras? ¿De qué manera sigue mostrándolas? (compara Efesios 2:4-5)

2. *¿De qué manera el matrimonio cristiano debe reflejar estas características?*
(Efesios 5:28-30)

---

nuestra relación personal con Él: sumisión humilde y respeto mutuo
demostrados en amor sacrificial.

Pero también hay un nuevo elemento. Hemos recibido dones de
parte de Dios para usarlos en y para su cuerpo. Él no nos dió estos
dones para que nos luciéramos, ni para mantenerlos guardados, ni
tampoco para agrandar nuestra autoestima. Él nos dió estos dones
porque, al igual que el cuerpo humano, se requiere de una variedad de
funciones para que el cuerpo de Cristo viva y crezca. A menos que
trabajemos en comunión, dando, perdonando y recibiendo, no
creceremos ni como individuos ni como cuerpo.

La mujer sola

Todo lo anterior vale tanto para hombres como para mujeres. Pero veamos ahora lo que la Biblia dice específicamente sobre las mujeres como parte del cuerpo de Cristo, empezando con las mujeres solteras y las viudas.

Tanto Jesús como Pablo animan a la persona no casada, diciéndole que es mejor dedicarse a servir al Señor con todo el corazón

Investigar

1. ¿Cuál fue el pacto (o promesa o acuerdo) que Dios hizo con Abraham? (Génesis 12:1-3; 17:3-8 y 22:16-18)

2. Cuando llegamos al tiempo de Oseas, ¿habrá cambiado sus promesas? (Oseas 1:10)

3. ¿Hasta cuando durarán estas promesas? (Gálatas 3:7-8, 28-29 y Apocalipsis 7:9 y 21:1-7)

4. El Señor es fiel para cumplir sus promesas. ¿Qué pide de su pueblo? (1 Tesalonicenses 4:3-5 y Hebreos 13:4)

en vez de casarse y encontrarse luego con lealtades divididas. Ambos reconocen sin embargo que la condición natural es estar casado, y que el permanecer sola tiene sus riesgos, debido a las tentaciones que una enfrenta como consecuencia. La decisión de no casarse es digna de elogio, pero claramente no es para todas. Y no siempre es una "decisión". Algunas veces las personas no se casan porque no han podido encontrar una pareja apropiada. En estas circunstancias, la Biblia nos anima a seguir confiando en la bondad y soberanía de Dios, preparándonos para el compañero que Él puede estar preparando para nosotras, y, mientras tanto, aprovechando nuestra situación para servir al Señor.

Pablo también enfatiza la urgencia de los tiempos en los que le tocó vivir, una urgencia que también es aplicable a nuestro tiempo. En Romanos 13:11-13 y 1 Corintios 7:25-31 nos anima a tomar en serio el poco tiempo que pueda quedarnos en este mundo, y a establecer nuestras prioridades de acuerdo con eso.

La mujer casada

Si bien el pasaje que habla más gráficamente de la mujer de Dios se encuentra en el Antiguo Testamento, refleja los valores y prioridades encontrados en el Nuevo Testamento.

Meditar

1. *La sumisión no es un concepto popular en nuestra sociedad, tanto la sumisión a Dios, a nuestros esposos o a cualquier autoridad. ¿Cómo nos desafía la Palabra de Dios para que seamos diferentes en este aspecto? ¿Qué problemas o dificultades podemos enfrentar?*

2. No es fácil vivir de la manera que Dios quiere que vivamos. Algunas tienen una situación aún más difícil si viven con un esposo violento, insensato o inconverso. Lee 1 Pedro 3:1-6. ¿Cómo anima Pedro a la mujer piadosa que tiene un esposo difícil?

3. Como Jesús, debemos tener nuestros ojos puestos en el gozo que nos espera. Lee Apocalipsis 19:7 y 21:2-4 y medita en el gozo que nos espera como esposas cuando el Señor regrese y nuestra relación con Él está finalmente completa.

4. Lee 1 Corintios 6:12-20.

    a. ¿Qué nos dice este pasaje acerca de nuestros cuerpos? ¿Qué debemos hacer con nuestros cuerpos?

    b. ¿Cuáles son las consecuencias espirituales de estos pecados físicos?

    c. ¿Qué tentaciones y desafíos enfrentas en este aspecto?

5. Si eres soltera, ¿qué has aprendido de los dos últimos estudios en cuanto a cómo manejar la soltería?

6. Si eres soltera y deseas casarte, ¿qué has aprendido acerca de:

a. el tipo de futura esposa que debes ser?

b. el tipo de futuro esposo que debes buscar?

Investigar

1. Romanos 12 y 1 Corintios 12-13 son dos pasajes importantes que hablan de la vida como parte del cuerpo de Cristo. Lee Romanos 12:1-13 y 1 Corintios 12:1-31. De esos pasajes:

   a. ¿Cuál es el propósito de nuestras vidas dentro del cuerpo de Cristo?

   b. ¿Qué une a todos los miembros del cuerpo de Cristo?

   c. Aparte de nuestras personalidades, ¿qué crea diversidad en el cuerpo?

   d. ¿Cómo debemos manejar las disputas y relacionarnos con los que son nuestros enemigos? (Romanos 12:14-21)

   e. ¿Qué pautas generales nos dan estos pasajes acerca de cómo debemos vivir dentro de la iglesia?

2. Lee 1 Tesalonicenses 5:12-13 y Hebreos 13:17. ¿Qué actitud debemos tomar frente a los que están en autoridad en la iglesia?

3. Lee 1 Corintios 12:31-13:13. ¿Cuál es el principio predominante para la vida de la iglesia? (compara 1 Corintios 12:7 y Colosenses 3:12-14)

8

El Señor, mi Rey

A través de la Biblia vemos el tema de Dios escogiendo para sí a un pueblo, al que está preparando para el momento en que Él vuelva como Rey de una creación redimida y transformada. La última gran escena de la narrativa bíblica nos muestra a Jesús, el rey victorioso que vuelve, destruyendo finalmente a sus enemigos y estableciendo la nueva creación donde Él reinará como el Rey de Reyes indiscutido, junto a su pueblo escogido.

En los últimos capítulos de la Biblia se nos presenta el contraste entre dos mujeres: la Gran Prostituta y la Esposa de Cristo. Ellas

Meditar

1. ¿Eres un miembro activo de una iglesia? Si no, ¿cómo puedes verte crecer como miembro del cuerpo de Cristo?

2. ¿Qué necesidades ves cuando miras a tu congregación? ¿Dios te ha dado dones que pueden servir para suplir esas necesidades? ¿Qué pasos prácticos puedes tomar para comenzar a suplir esas necesidades?

3. Algunas personas asisten a la iglesia como una suerte de Llanero Solitario: siempre dan y nunca reciben. Otras son como esponjas: siempre dispuestas a recibir, pero no a dar. ¿A cuál de éstos eres más parecida, al Llanero Solitario o a la esponja? ¿Cómo puedes cambiar?

4. ¿Cómo respondes a las personas que te molestan en la iglesia? ¿Qué pasa si el pastor o los encargados no viven de acuerdo con tus ideales? ¿Cómo debes responder?

representan la división básica de la humanidad entre aquellos que serán aceptados en el reino de Cristo y aquellos que serán destruidos para siempre. Examinemos de cerca a estas dos mujeres para poder conocer con mayor claridad a la persona que reinará junto con el Rey de Reyes.

Investigar

1. ¿Cuáles son los ministerios que Pablo describe como apropiados y típicos para las mujeres mayores (incluyendo las viudas) en:

a. 1 Timoteo 5:5, 10?

b. Tito 2:1-5?

2. En 1 Corintios 7:8 y 34 Pablo dice a las solteras y viudas que es mejor quedarse solas. Lee todo el capitulo, especialmente los versículos versículos 26-35. ¿Cuáles son algunas de las razones que Pablo ofrece para esta afirmación?

---

3. Pablo utiliza a sí mismo como ejemplo de uno que se quedó solo, pero hay otro ejemplo de alguien en la Biblia quien da el mismo consejo. Lee Mateo 19:9-12. ¿Qué otras razones da Jesús por las que es difícil estar casada?

4. Por otro lado, ¿cuáles son las tentaciones que enfrentan las solteras? (1 Corintios 7:2, 9 y 1 Timoteo 5.11-14)

La Gran Prostituta. (Apocalipsis 17:1-19:3)

La Novia de Cristo (Apocalipsis 19:4-21; 21)

Hay un marcado contraste entre estas dos mujeres. La Gran Prostituta es una figura imponente, vestida como una reina, con colores y telas reales, llena de joyas, e irradiando una arrogancia y una confianza tremendas. Los reyes del mundo están a su disposición porque ella los ha hecho ricos y gordos con placeres mundanos.

Por otro lado, la Esposa de Cristo es una sierva humilde y amorosa que se complace en pasar una eternidad entregándose a su Rey. Si bien ella está vestida con ropas blancas y brillantes, estas prendas no son el producto de su propia virtud, sino que le fueron regaladas por el Señor mismo, quien murió para limpiarla de la mancha del pecado y para darle una nueva vida.

Los valores del reino

La imagen de la Gran Prostituta resalta lo repulsivo que es el pecado a los ojos de Dios. Vestimos al pecado con ropajes maravillosos, y aplaudimos las características de la arrogancia y el egocentrismo, disfrazándolos con palabras y expresiones como

Meditar

1. A la luz de la situación que Pablo enfatiza en 1 Corintios 7, ¿qué debe estar en el centro de nuestras vidas (1 Tesalonicenses 5:1-8)

2. Como mujer sola, ¿es éste el centro de tu vida? Si no, ¿qué te distrae? ¿Has pensado en las necesidades de tu iglesia y la manera en que puedes contribuir con algo?

3. Como mujer mayor, ¿cómo puedes involucrarte en enseñar a las mujeres más jóvenes, y ser un ejemplo para ellas?

"confianza", "independencia" y "encontrando un lugar para mí".

Pero el espantoso castigo que espera a aquellas personas cuyas vidas se parecen a esta mujer debe hacer que nos detengamos y revaluemos nuestra despreocupada concepción del pecado. Dios aborrece el pecado. Él castigará a aquellas personas que lo practican.

Recordando lo que ya hemos visto en Oseas 2, vemos que la Esposa de Cristo una vez fue como una "prostituta". Todas esas

Investigar

Lee Proverbios 31:10-31.

1. Nota la variedad de actividades que llenan el día de esta mujer. ¿Cuál es su área principal de responsabilidad?

2. Compara el cuadro de Proverbios con Tito 2:3-5 y 1 Timoteo 2:9-11.

3. Volviendo a Proverbios 31, haz una lista de las palabras que describen a esta mujer.

4. Describe la estima que tienen hacia ella sus hijos, su esposo y los líderes de la ciudad.

Meditar

1. Piensa en las siguientes citas:

"El ministerio de la mujer en y desde su hogar no es algo externo a la iglesia sino que es una parte integral del ministerio de la iglesia."

"... por medio de su propia vida dentro del hogar, la mujer da un apoyo al estado sin el cual el bien común no se puede lograr" (Constitución de Irlanda, 1937).

¿Qué opinas de estas citas?

2. Haz una lista de las muchas maneras en que sirves a tu esposo e hijos. ¿En qué forma son importantes para la iglesia y la sociedad?

3. En la segunda parte del siglo pasado, la sociedad comenzó a ubicar las ciencias domésticas cerca del final de la escalera social. Sin embargo, Dios no ve las cosas de esa manera. Él afirma que lo mejor que una mujer puede hacer es ser ayuda para su exposo y criar a sus hijos en la santidad de Dios. Mientras ora por ellos, los cuida y comparte la Palabra de Dios con ellos, está sirviendo como pastora, maestra y evangelista. Según su tiempo y energía, la mujer cristiana puede involucrarse en otras actividades de la iglesia. Pero la iglesia se equivoca cuando empuja a las madres ocupadas a ocuparse en el "ministerio" como si lo que hacen no fuera un servicio espiritual importante.

Por supuesto, muchas madres, por razones personales o económicas, también trabajan fuera del hogar.

a. Haz una lista de razones por las que algunas mujeres tienen una ocupación con sueldo fuera del hogar.

b. ¿Cuáles son los conflictos y dificultades que enfrentan estas mujeres?

c. Piensa en tus propios sentimientos acerca del trabajo fuera de la casa. ¿Reflejan las prioridades de Dios?

4. Piensa en el ejemplo de Priscila y Aquila, un matrimonio dedicado a servir al Señor juntos. Lee los sugientes pasajes y anota lo que dicen acerca de esta pareja y su ministerio.
Hechos 18:1-4, 18-28

Romanos 16:3-5

1 Corintios 16:19

2 Timoteo 4:19

cualidades de egoísmo y avaricia son lo que ella fue, antes de que el Señor muriera por ella, lavara toda esa mugre y la apartara para reinar eternamente con Él. ¡Con razón ella se inclina ante Él en humilde gratitud! ¡Con razón lo alaba y lo sirve con cada fibra de su ser! Ella ha visto la destrucción de la Gran Prostituta, y se ha dado cuenta de que si no fuera por la gracia de Dios, ese habría sido su destino también.

Una nota final

5. Con tu esposo (e hijos) ¿cómo están trabajando juntos para hacer una contribución a la obra de Dios?

6. ¿Es tu prioridad principal, como pareja, servir al Señor? ¿Cómo vives esto en la práctica? ¿Tienes otras prioridades que reducen tu contribución al cuerpo de Cristo?

El reino de Dios se caracteriza por el amor sacrificial, no por el poder que ejercita el más fuerte o el más rico sobre los demás. En el reino de Dios, donde los valores son opuestos a los valores del mundo, tienes que morir para vivir, tienes que dar para recibir, tienes que servir para reinar. Aquellos que buscan las características y posesiones de la Gran Prostituta recibirán también lo opuesto a lo que están buscando en la vida.

Investigar

1. Anota, en base a los siguientes versículos, la apariencia y el carácter de la Gran Prostituta.

a. Apocalipsis 17:4

b. *Apocalipsis* 18:7-8, 16

2. *Describe su manera de vivir y lo que hace.*

    a. Apocalipsis 17:3-6

    b. Apocalipsis 18:2-5, 7, 23-24

3. *¿Cuál será su destino?*

    a. Apocalipsis 18:4-8, 19-21

    b. Apocalipsis 19:2-3

Investigar

1. De los siguientes versículos anota la apariencia y el carácter de la Esposa de Cristo.

   a. Apocalipsis 19:7-8

   b. Apocalipsis 21:2, 9-11

2. Describe su manera de vivir y lo que hace.

   a. Apocalipsis 17:13-14

   b. Apocalipsis 19:7-8

   c. Apocalipsis 21:7

   d. Apocalipsis 22:14

3. *Es sorprendente que la Biblia dice tan poco sobre las virtudes de la Esposa de Cristo. Tal vez es porque lo que tiene le fue dado (Apocalipsis 19:8). ¿Quién le dió ese lino fino? ¿Por qué?* (Apocalipsis 7:13-14)

4. ¿Cuál será su destino?

   a. Apocalipsis 19:5-9

   b. Apocalipsis 21:1-7

   c. Apocalipsis 22:3-5, 12-14

Investigar

Lee Mateo 18:1-9 y Lucas 22:24-30

1.¿Cuál debe ser la característica principal de los que participarán en el reino de Dios?

2. ¿Quién es el ejemplo principal de esta característica?

3. ¿Qué aborrece el Señor?

Meditar

1. ¿Hay aspectos de tu vida que son más parecidos a los de la Gran Prostituta que a los de la Esposa de Cristo? ¿Qué actitud tienes hacia el pecado en tu vida? ¿Lo toleras y aceptas como algo inevitable y, como consecuencia, no tiene sentido preocuparte, o lo odias tanto como Dios lo odia?

2. ¿Te has comprometido a desarrollar los valores del reino en tu hogar y con tus hijos? ¿Les enseñas a ser sirvientes y a valorar la santidad y el sacrificio propio? O apilas sobre ellos las riquezas de este mundo y les enseñas a buscar la comodidad, el éxito y el poder? ¿Qué pasos prácticos puedes tomar?

3. Lee Lucas 14:16-24

    a. ¿Tendrás la tentación de responder como los que rechazaron la invitación del Rey?

    b. ¿Qué podemos aprender del cuento de la fiesta de bodas? Refleja ésto las prioridades de tu familia? (Mateo 6:30-34)

Meditar

1. ¿Qué ganará una mujer humilde y sumisa en el reino de Dios?

2. ¿Cómo te ayuda la certeza de ser la esposa de Cristo a vivir de esta forma, contra la cultura?

3. Comienza ahora a practicar para el cielo. Lee Hebreos 12:28 y haz lo que dice.

Se terminó de imprimir en los
Talleres Gráficos de
Ediciones CC
Córdoba 419 - Villa Nueva, Pcia de Córdoba
Mayo de 2009
IMPRESO EN ARGENTINA

www.ingramcontent.com/pod-product-compliance
Lightning Source LLC
Chambersburg PA
CBHW060658030426
42337CB00017B/2670